101
COSAS QUE DEBERÍAS SABER SOBRE

MAGOS Y SERES MITOLÓGICOS

Dirección editorial: M.ª Jesús Díaz
Diseño: Estelle Talavera
Textos: Niko Domínguez
Revisión: Ana Doblado
Ilustraciones: F. Valiente / Equipo Susaeta

© SUSAETA EDICIONES, S.A. - Obra colectiva
C/ Campezo, 13 - 28022 Madrid
Tel.: 91 3009100 - 91 3009118
www.susaeta.com

Cualquier forma de reproducción, distribución, comunicación pública o transformación de esta obra solo puede ser realizada con la autorización de sus titulares, salvo excepción prevista por la ley. Dirijase a CEDRO (Centro Español de Derechos Reprográficos) si necesita fotocopiar o escanear algún fragmento de esta obra (www.conlicencia.com; 91 702 19 70 / 93 272 04 47).

101

COSAS QUE DEBERÍAS SABER SOBRE

MAGOS Y SERES MITOLÓGICOS

susaeta

Contenido

El unicornio, pureza inmortal 6

Sirrush, protector de Babilonia 10

Quetzalcóatl, hombre y dios 12

Teseo y el Minotauro 16

El canto de las sirenas 20

Ladón, el guardián 24

El feroz Fenrir 28

Leviatán, furia marina 32

Los centauros 36

La Esfinge y su enigma 40

El mago Merlín 44

El gran Houdini 46

El unicornio, pureza inmortal

1 Mucho más que un caballo blanco con cuerno

Tradicionalmente tenía además barba de chivo, patas de antílope, cola de león y unos ojos azules penetrantes, aunque las imágenes más modernas lo simplifican representándolo como un caballo joven con un cuerno. Gracias precisamente a la magia de su cuerno, el unicornio se mantiene eternamente joven.

2 Un animal inteligente y longevo

El unicornio es uno de los animales mágicos más importantes. Su inteligencia es comparable a la humana y, gracias a las propiedades mágicas de su cuerno, vive más de mil años, aunque hay quien dice incluso que es inmortal.

3 Casi imposible de cazar

Los unicornios dominan el «teletransporte» y pueden recurrir a él una vez al día; por eso resulta prácticamente imposible atraparlos. El hombre siempre lo ha perseguido con ansia por conseguir arrebatarle su cuerno, pues si se ingiere en forma de polvo proporciona la inmortalidad.

4 Un ser extremadamente difícil de ver

El unicornio es uno de esos seres mágicos esquivos que rara vez se dejan ver, muy probablemente porque es tan noble y puro que son muy pocos quienes reúnen los requisitos para verlo. Los únicos seres ante los que el unicornio se mostrará son humanos o elfos de gran pureza.

5 El sueño de todo jinete

Como montura, el unicornio es totalmente fiel a su jinete y hasta dará su vida por él si es necesario. Solo se deja montar por las criaturas puras ante quienes se muestra, pero estas no suelen cabalgar sobre él salvo que se trate de una ocasión especial o una emergencia.

6 Es capaz de entrar en tus sueños.

El unicornio es capaz de entrar en los sueños de las personas si lo considera importante o necesario. Entonces su idioma, normalmente incomprensible, se vuelve claro y cercano.

¿SABÍAS QUE...?
En la Edad Media se llegó a traficar con colmillos de narval, una especie de ballena con un colmillo largo y en espiral, fingiendo que eran cuernos de unicornio.

7 Ve lo que nadie más ve.
La vista del unicornio es aguda hasta límites insospechados; de hecho, ve cosas que ningún otro animal es capaz de contemplar. Sus intensos ojos azules pueden ver en el interior de quienes osan mirarle fijamente y descifra su esencia y sus intenciones.

8 Su cuerno es prodigioso.

Con solo tocarlo, su cuerno en espiral puede sanar heridas y detectar venenos; es capaz hasta de purificar aguas contaminadas. Fue un objeto tan codiciado, que los grandes señores europeos de la Edad Media llegaban a enviar cazadores hasta la India en busca de este preciado trofeo.

9 El unicornio no puede vivir en cautividad.

El unicornio, si se ve privado de libertad, se transforma en un simple caballo y su cuerno pierde todas sus propiedades mágicas. Por esta razón los cazadores de unicornios sabían que, si llegaban a atrapar uno, para matarlo debían respetar un delicado ritual: el unicornio ha de ser sacrificado con un cuchillo o una espada, de un golpe certero para evitarle sufrimiento, y sus ojos no deben llegar a ver el filo del arma.

10 La caza del unicornio, un arte del engaño

Los unicornios son generalmente indomables y feroces, salvo cuando una hermosa y pura doncella les atrae; entonces se sientan a su lado y hasta se duermen en su regazo. Esta es la artimaña usada por los cazadores de unicornios para atraparlos.

11 Capacidades excepcionales

El unicornio nunca duerme, aunque pase largas horas inmóvil con los ojos cerrados. En lugar de dormir, escucha y se conecta con lo que oye. Es capaz de percibir una leve brisa en un paraje lejano o hasta sentir cómo crecen los árboles. Los sentidos del unicornio no son comparables a los de ningún otro animal y superan el entendimiento racional.

Sirrush, protector de Babilonia

12 Dragón, águila y felino

Con garras de águila en sus patas traseras y zarpas de felino en las delanteras, Sirrush, también llamado Mushussu, era un imponente defensor de Babilonia. Estaba cubierto de finas escamas y una buena cornamenta coronaba su cabeza.

13 Fue elegido por el mismísimo dios del sol.

Marduk, dios del sol y protector de Babilonia, eligió personalmente a Sirrush para defender la puerta de su templo. Su sola presencia atemorizaba a los enemigos hasta el punto de paralizarlos por el miedo.

14 Una duda razonable

En el arte babilónico los animales mitológicos sufren transformaciones a lo largo de los siglos; todos salvo Sirrush. Por esta razón se tiende a pensar que fue un animal real y su imagen mítica puede que se inspire en algún ejemplar prehistórico fosilizado. Algunos zoólogos sugieren que podría tratarse de un Mokele-mbembé, una criatura prehistórica, quizá un dinosaurio superviviente que capturaran en África Central y trasladaran hasta Babilonia.

15 Daniel y Sirrush

En el Antiguo Testamento se cuenta la historia del profeta Daniel, que para defender la existencia de su propio dios se enfrentó a la bestia sagrada babilonia: logró envenenarle. Sin embargo Sirrush, ya envenenado, continuó defendiendo la ciudad hasta su último aliento.

16 Su cuerpo era tan grande como el de un elefante...

... y la cola y el cuello le daban una envergadura aún mayor. En la batalla las escamas protegían su cuerpo de lanzas, flechas y espadas, y sus potentes patas lanzaban rápidos ataques fulminantes. Era casi imposible vencerle, ya que nunca luchaba en campo abierto, únicamente defendía el templo de Marduk.

17 La puerta que defendía permaneció enterrada miles de años.

La puerta de Istar, una de las ocho puertas monumentales de la ciudad de Babilonia, fue construida hacia el año 575 a. C. y albergaba en su fachada imágenes de Sirrush. Quedó enterrada y no se descubrió hasta principios del siglo XX.

Quetzalcóatl, hombre y dios

18 Terrorífica serpiente emplumada

La forma de este animal mitológico representa la tierra y el cielo en un único ser. La serpiente simboliza al poder que la tierra tiene para el nacimiento y la muerte de los seres. Las plumas representan el cielo y su poder creador y destructor. Cuando dejó a su pueblo lo hizo incinerándose en una balsa construida con serpientes. Tras arder, dicen que su corazón se elevó como un quetzal (preciosa ave multicolor) y, llegado al cielo, se convirtió en el lucero del alba.

19 Un hombre alto, rubio y con barba

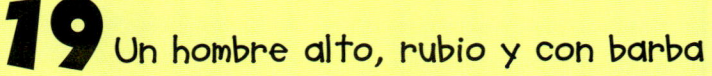

Algunas hipótesis sobre el origen de Quetzalcóatl hablan de que se habría inspirado en un hombre, un vikingo o un cruzado, que habría llegado a México unos doscientos años antes que Colón, Pizarro o Hernán Cortés. Esto explicaría que los indígenas ya estuviesen familiarizados con símbolos como la cruz y ceremonias similares a otras católicas, como el bautismo o la confesión.

20 El nacimiento del mito

Quetzalcóatl imprimió un carácter místico y austero a la sociedad y cultura aztecas de su tiempo. Cuando desapareció, su mito comenzó a crecer, fundiéndose con otros elementos mucho más antiguos de los pueblos americanos y convirtiéndose en una figura fundamental entre los dioses prehispánicos.

21 Extraño entre indígenas

El hombre extranjero, rubio y de ojos azules que se considera posible origen de la figura de Quetzalcóatl vestía una túnica blanca con una cruz en el pecho y llevó a los aztecas y los mayas conocimientos hasta entonces ignorados. De carácter bondadoso, Quetzalcóatl cambió la naturaleza de los sacrificios humanos, hasta entonces sangrientos y despiadados, para entregar otro tipo de ofrendas a los dioses.

22 Su influencia tuvo un extraordinario alcance.

Sus enseñanzas llegaron a varias civilizaciones, entre las que estaban los olmecas, los mayas, los mixtecas, los toltecas y, fundamentalmente, los aztecas. Lo sorprendente de este hecho es que todos esos pueblos lo describían de forma muy similar.

23 Una predicción equivocada

Una predicción azteca anunciaba el retorno de Quetzalcóatl a la ciudad de Tula justo cuando, en 1519, Hernán Cortés desembarcó en su costa. Por ese motivo los aztecas le recibieron con regalos y joyas. Poco después los españoles acabaron con todo su imperio sin encontrar apenas resistencia.

24 Referencia fundamental para los aztecas y los mayas

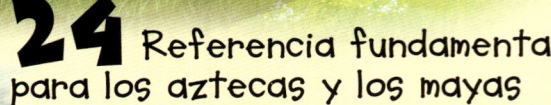

Quetzalcóatl, o Kukulkán para los mayas, es recordado por ser inventor del calendario, descubridor del maíz, maestro agricultor, rey de los toltecas, gobernante ejemplar y dios civilizador y unificador del mundo. Para ellos fue también el inventor del arte de fundir metales, tallista de piedras preciosas y juez.

25 Tezcatlipoca, el hermano antagonista de Quetzalcóatl

En la cultura nahua, estos dioses hermanos eran los más importantes y tenían las mismas virtudes y atributos, pero una esencia contraria: Quetzalcóatl era el creador y Tezcatlipoca el destructor. Ambos simbolizaban el bien y el mal, los dos extremos de un mismo concepto.

26 El origen del mundo

Según las leyendas centroamericanas sobre el origen del universo, los hermanos Tezcatlipoca y Quetzalcóatl crearon el mundo a partir de Cipactli, un monstruo que moraba el océano ocupándolo todo y al que capturaron mediante una trampa: Tezcatlipoca ofreció su pie como señuelo y cuando emergió Cipactli lo apresaron. Extendiendo su cuerpo crearon la Tierra.

27 Quetzalcóatl cayó en una trampa.

Tezcatlipoca, a quien no le gustaban la labor y la actitud bondadosa y condescendiente de Quetzalcóatl con los hombres, se disfrazó de anciano y le regaló una planta que emanaba un líquido exquisito, que en realidad era pulque, una bebida alcohólica muy fuerte. Quetzalcóatl, bajo los efectos de este brebaje, perdió el control e hizo cosas de las que luego se avergonzó mucho. Entonces construyó una balsa con serpientes y zarpó rumbo a donde se pone el sol, pero prometiendo volver para vengar la afrenta.

28 La humanidad rescatada del inframundo

Después de cuatro intentos fallidos para crear unos humanos decentes para habitar la Tierra, los dioses decidieron esconder los huesos originales en el inframundo y dejarlos a cargo de Mictlantecuhtli, señor de los muertos, para no sentirse tentados de volver a intentarlo. Entonces Quetzalcóatl bajó al inframundo a recuperarlos. Tras una dura disputa, los huesos quedaron esparcidos, picoteados y roídos por las codornices. Pero Quetzalcóatl recuperó los restos y con ellos terminó por crear a los humanos.

Teseo y el Minotauro

29 Un temperamento indomable

Con cuerpo de hombre y cabeza de toro, el Minotauro es uno de los seres más salvajes de la mitología griega. Pese a ser hijo de una reina, era un ser violento y despiadado que se alimentaba de carne humana. Su fuerza y aspecto provocaban auténtico pánico.

30 El origen del Minotauro

En una ocasión el rey Minos de Creta, una importante isla griega en el mar Mediterráneo, ofendió gravemente a Poseidón, el dios del mar. Este, como venganza, hizo emerger de las aguas a un toro blanco del que la mujer de Minos se enamoró sin remedio. El resultado de su unión fue el Minotauro. El rey, para esconder su vergüenza y proteger a su pueblo, decidió encerrarlo.

31 Dédalo y el laberinto

El rey Minos le encargó al gran inventor Dédalo la construcción de un laberinto tan perfecto que el Minotauro no pudiese nunca encontrar la salida. Una vez que estuvo terminado, abandonaron al Minotauro en el único pasillo que llegaba hasta el centro de aquel laberinto-prisión.

32 Un laberinto impenetrable

Dédalo perdió el favor del rey y fue encerrado, junto con su hijo, Ícaro, en una torre dentro del laberinto, sin posibilidad de escapar.

¿SABÍAS QUE...?
El laberinto se encontraba exactamente bajo el palacio de Cnosos, en Creta.

33 Un sacrificio de 14 jóvenes

Minos había condenado a los atenienses a entregarle en sacrificio cada año siete jóvenes varones y siete doncellas, que eran ofrecidos como alimento al Minotauro.

34 Luto por los desgraciados

El barco que llevaba a los jóvenes atenienses que iban a ser entregados al Minotauro tenía las velas negras en señal de luto por el destino oscuro que esperaba a sus pasajeros.

35 Un inventor con recursos

Dédalo y su hijo Ícaro deseaban escapar del laberinto, así que el padre ideó unas alas con plumas y cera. Con ellas acopladas a la espalda, se marcharon volando. Pero el joven desoyó los consejos de su padre y se acercó demasiado al sol, que derritió la cera. De este modo cayó al mar, donde se ahogó.

36 Un héroe para acabar con el terror

Teseo, hijo del rey de Atenas, se ofreció para dar muerte al Minotauro y que de ese modo los atenienses pudieran dejar de pagar tributo a Minos.

37 El fin del sufrimiento ateniense

Tras una dura y violenta pelea, Teseo consiguió doblegar al Minotauro y acabar así con los sacrificios humanos. Pero, ¿cómo podría volver a salir del laberinto?

38 El ingenio de su enamorada permitió a Teseo huir.

Antes de entrar en el laberinto, la princesa Ariadna, hija del rey de Minos y enamorada de Teseo, le dio un ovillo de hilo de plata para que lo atara a la puerta del laberinto. Según avanzaba lo fue desenrollando y así pudo encontrar la salida tras derrotar al Minotauro. Una vez fuera, hundió los barcos cretenses para evitar que los ejércitos del furioso rey Minos le persiguiesen, y huyó a la isla de Naxos.

El canto de las sirenas

39 Nacieron en la mitología griega.

La palabra sirena proviene del griego y significa «encadenado». Parece ser que las sirenas nacieron en la mitología griega como unos seres marinos fabulosos, mezcla de mujer y ave. Poseían una voz hermosísima e hipnótica, y quien escuchaba su canto se sentía atraído por ellas sin remedio. Más adelante se las representaría como bellas mujeres con cola de pez, y así han llegado hasta nuestros días.

40 Increíble y tenebrosa belleza

Pese a tratarse de seres con una voz de una belleza incalculable, su existencia estaba siempre ligada a la muerte; no solo porque sus víctimas morían, sino porque parece que ellas mismas eran las encargadas de conducir las almas de los muertos al Hades (inframundo).

41 Una trampa irresistible

Las sirenas habitaban en una isla del Mediterráneo, que parece que era la actual Capri. Sus cantos irresistibles atraían a las embarcaciones a sus costas, donde encallaban en las rocas. Allí los marinos terminaban siendo devorados por las sirenas.

42 El héroe griego Jasón venció a las sirenas.

Para ello recurrió a Orfeo, quien con su propio canto logró ocultar el de las sirenas cuando su barco pasaba junto a la isla donde vivían. De este modo Jasón y su tripulación se salvaron de caer en las garras de estas peligrosas criaturas.

43 Una estrategia perfecta

Como se narra en la *Odisea,* escrita por el poeta griego Homero, Ulises se preparó a conciencia para lograr que su tripulación no sucumbiese a los encantos de las sirenas. Así, les puso en los oídos tapones de cera y las sirenas no pudieron hacer nada para atraerlos.

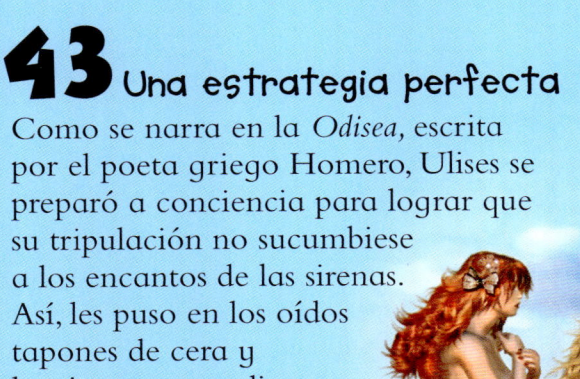

44 Un truco para combatir la tentación

La curiosidad de Ulises era mayor aún que su temor y por eso no se pudo resistir ante la oportunidad de oír personalmente los cantos de las sirenas… Una vez que había protegido a su tripulación, ordenó que le atasen muy fuertemente al mástil de su barco para así evitar ser arrastrado a las aguas al escuchar la irresistible música.

45 Seres horripilantes

Al contrario de lo que se podría pensar, y de lo que nos muestran la mayoría de películas, las sirenas originales no eran hermosas ni mucho menos. Su canto era precioso, eso sí, pero su apariencia era monstruosa y se helaba la sangre solo con verlas. En la literatura, el famoso cuento de *La sirenita* de Hans Christian Andersen ha sido decisivo para que hoy tengamos una idea muy distinta de las sirenas de la que tenían los griegos.

46 El amor verdadero encarnado en una sirena

El cuento de Andersen nos habla de una sirena que se enamora de un príncipe tras salvarle de morir ahogado. Por amor, ella decide pactar con una hechicera para convertirse en humana a cambio de entregar su preciosa voz. Pero el príncipe termina casándose con otra dama. La sirenita tiene la oportunidad de recuperar su cola y volver al mar a cambio de matar al príncipe con un cuchillo… pero su amor es tan fuerte que rehúsa hacerlo. Como recompensa por su bondad le es otorgada la inmortalidad.

47 Protagonistas de leyendas en todo el mundo

Existen multitud de leyendas con las sirenas como protagonistas. Por ejemplo, en la tradición china las sirenas son seres hermosos y hábiles que tejen un material muy ligero y transparente que es ideal para pescar; y sus lágrimas se transforman en perlas.

48 Sirenas españolas

En la tradición del País Vasco existen unos seres mitológicos llamados Itsas-Lamiak, mujeres con larga cola de pez que dependían totalmente de su peine de oro. Quien se lo intentara arrebatar sería sin duda objeto de su furia. Pero estas sirenas a veces también se enamoraban de los marineros.

¿SABÍAS QUE…?
Se dice que solo hubo tres sirenas. En otras versiones, cinco u ocho, pero no más.

Ladón, el guardián

49 Una criatura pavorosa

Ladón era sencillamente imponente. Tenía cien cabezas y por cada una de ellas hablaba un idioma distinto, además de escupir fuego, que para eso era un dragón.

50 ¿Dragón-serpiente o serpiente-dragón?

Ladón es un ser de la mitología griega, una criatura que parece una mezcla entre serpiente y dragón. De hecho, su padre bien podría haber sido Tifón, un poderosísimo dios alado que en vez de dedos tenía cabezas de dragón y en las piernas tenía abundantes serpientes.

51 Una entrada infranqueable

Ladón fue enviado por Hera, la esposa de Zeus, «padre de los dioses», al jardín de las ninfas Hespérides para protegerlo. Este jardín era su huerto particular y las manzanas de oro que crecían en los árboles proporcionaban la inmortalidad; por eso Ladón también es conocido como el dragón de las Hespérides. Con sus cien cabezas se hacía casi imposible acceder al jardín, ya que Ladón estaba siempre alerta en todas direcciones.

52 Los doce trabajos de Hércules

El héroe Hércules servía al rey Euristeo, que le encomendó doce tareas dificilísimas. Una de ellas consistía en robar las manzanas del jardín de las Hespérides, custodiadas por Ladón. Para conseguirlo, Hércules le pidió ayuda al titán Atlas, padre de las Hespérides, ya que Ladón se mostraría confiado con su presencia.

53 Un jardín muy cercano

Los relatos sitúan el jardín de las Hespérides en un lejano rincón del occidente, cerca de la cordillera del Atlas, en el norte de África, al borde del océano que circundaba el mundo… ¡Nada más y nada menos que en las islas Canarias!

54 Ayuda titánica

Atlas, un titán al que Zeus había condenado a cargar con la bóveda celeste sobre sus hombros por toda la eternidad, accedió a prestarle ayuda a Hércules, pero este le tendría que sustituir en su tarea mientras robaba las manzanas.

55 Un flechazo certero

Justo antes de sostener el peso del globo celeste, Hércules mató a Ladón lanzando una flecha por encima de la tapia del jardín. La flecha atravesó la garganta de la cabeza principal de Ladón y cayó muerto.

56 A veces no hay que fiarse…

Cuando Atlas hubo robado tres manzanas de oro de los árboles del jardín, se dirigió a Hércules y le dijo que él se las podría llevar al rey Euristeo mientras Hércules se quedaba sosteniendo el peso del firmamento unos meses más. Pero Hércules desconfió de él; simuló que accedía, pero le pidió que antes de irse le relevase un momento para que pudiera colocarse un almohadón en sus hombros doloridos. En cuanto Atlas cargó con el firmamento, Hércules recogió las manzanas y se marchó burlándose de él.

57 Por siempre en el firmamento

Hera y Zeus honraron los leales servicios de Ladón situándolo en una constelación del firmamento, la del Dragón, que se encuentra cerca del polo norte, mirando justamente a otra constelación vecina, la de Hércules.

58 Fruto de la sangre de Ladón

Cuando Ladón pereció, su abundante sangre corrió por la tierra y germinó en forma de un árbol conocido como drago. La savia de este árbol es de un color rojo intenso y su forma, con ramas retorcidas que nacen de un grueso tronco, se asemeja a la del antiguo guardián del jardín de las Hespérides.

El feroz Fenrir

59 Un lobo en tierra vikinga

En la mitología nórdica, Fenrir es un lobo monstruoso con un crecimiento descontrolado. Creció y creció hasta que alcanzó un tamaño descomunal, y cuanto más crecía, más incontrolable era.

60 Hijo de un dios y una gigante

La gigante Angrboda y Loki, un dios timador en la mitología nórdica, tuvieron tres hijos. El primero fue Fenrir y más tarde llegaron sus hermanos Jörmundgander, la serpiente marina, y Hela, la diosa del reino de los muertos.

61 Azote de pueblos y campos

Fenrir, con su tamaño titánico y temperamento feroz y descontrolado, asoló muchos pueblos sembrando la destrucción a su paso. Hizo de los campos lugares inhóspitos por donde la gente no se atrevía a pasar.

62 Ragnarök, la gran batalla

En la mitología nórdica el Ragnarök es la batalla del fin del mundo que enfrentará a los dioses liderados por Odín y a los del bando de Loki. Una profecía anuncia que el lobo Fenrir matará a Odín en esta batalla.

¿SABÍAS QUE...?
Fenrir ha inspirado multitud de videojuegos y personajes de ficción en la literatura.

63 ¡Casi imposible de encadenar!

Los dioses, temerosos de las profecías, intentaron encadenarle varias veces, pero Fenrir siempre acababa rompiendo sus ataduras. Finalmente los dioses encargaron a los enanos la fabricación de una cuerda irrompible.

64 La atadura definitiva

Los enanos fabricaron una cinta para atar y retener a Fenrir, a la que llamaron Gleipnir. Era ligera, fina y sedosa; para su elaboración usaron el sonido de la pisada del felino, las raíces de la montaña, el soplo de los peces, los nervios del oso, la saliva del pájaro y el vello de la mujer barbuda.

65 Un reto peligroso

Los dioses retaron a Fenrir a romper la cuerda que ni siquiera ellos eran capaces de romper. Fenrir aceptó el reto para no parecer un cobarde: se dejaría atar por Tyr, hijo de Odín, con la condición de que este pusiera su mano derecha en la boca del lobo como prueba de buena voluntad…

66 Atado hasta el final de los tiempos

Cuando Fenrir se dio cuenta de que aquella ligadura era irrompible, furioso le arrancó la mano derecha a Tyr. Pero ya estaba condenado a permanecer atado a una roca hasta el Ragnarök.

67 La leyenda del fin del mundo

La leyenda dice que en el Ragnarök, cuando Fenrir rompa su prisión milenaria, la Tierra será invadida por las aguas subterráneas y el fuego. Fenrir matará a Odín y será ajusticiado por su hijo Vidar, dios del silencio, la venganza y la justicia.

Leviatán, furia marina

68 El mayor azote de los océanos

Leviatán es un monstruo marino mencionado seis veces en la Biblia. Se trata de una especie de serpiente gigante o cocodrilo con la piel cubierta de escamas impenetrables, con afiladísimos dientes, de aspecto y dimensiones realmente terribles.

69 Solo en la inmensidad marina

Según algunas interpretaciones del Génesis, Dios creó un Leviatán masculino y otro femenino, pero decidió matar a la hembra y dársela de comer a los justos, ya que, si hubieran procreado, Leviatán y su estirpe habrían sometido al mundo.

70 Una fuerza descomunal

Las ilimitadas espirales de su inmenso cuerpo agitaban el agua con tal fuerza que las profundidades por donde pasaba hervían como una enorme caldera.

71 Dimensiones más que respetables

Si tenemos en cuenta que un galeón medía unos 40 m de largo y que Leviatán era capaz de zampárselo entero sin problemas, podemos estimar que solo sus fauces medían como el ancho de un campo de fútbol. ¡Y eso era solo la boca!

72 La pesadilla de los navegantes

Los marinos europeos identificaban a Leviatán como una serpiente marina gigante que atacaba a los barcos creando un enorme remolino que los engullía.

73 Más allá de lo imaginable

Leviatán es, probablemente, la más abrumadora bestia de cuantas se tiene constancia. Tenía su morada en el mayor de los abismos submarinos y con su fuerza sobrecogedora y sus enormes dimensiones dominaba a todas las criaturas de los mares.

¿SABÍAS QUE...?
Los ojos de Leviatán estaban permanentemente iluminados con un infernal color rojo intenso.

74 Comida para el fin del mundo

Algunos eruditos piensan que Leviatán representa el mar en sí mismo, así como el pájaro gigante Ziz representa el aire y el espacio, y Behemoth la Tierra. La leyenda dice que después del fin del mundo, llamado Armagedón en la Biblia, el caparazón del Leviatán, así como los restos de Ziz y de Behemoth, serán servidos como comida.

75 Historias de navegantes

Leviatán siempre ocupará un puesto importante entre los principales temores de los marinos. Tanta fuerza tiene este mito que incluso ha traspasado la frontera de lo religioso y protagoniza innumerables historias marineras.

Los centauros

76 Mitad hombre y mitad caballo

Su nombre significa «matador de toros» o «cien fuertes». Se trata de una raza de seres de la mitología griega con torso y cabeza de humano en un cuerpo de caballo. Las hembras se llamaban centáurides.

77 Una raza bárbara

Los centauros eran unos seres sin leyes ni hospitalidad y por lo general eran salvajes. Se abandonaban a menudo a sus pasiones animales y les encantaban el vino y la comida.

78 Dos únicas excepciones

Entre estos seres tan salvajes, Folo y Quirón destacaron por desarrollar enormemente la parte buena de su naturaleza. Ambos destacaban por ser centauros amables y poseedores de una gran sabiduría.

79 Quirón, el sabio

Sin duda fue el centauro más sobresaliente por su inteligencia, sabiduría y buen carácter. Fue un gran maestro en música, caza, medicina, cirujía, arte y moralidad, e instruyó a famosos héroes griegos como Aquiles, Teseo y Hércules, entre otros.

80 Tan salvajes como erráticos

Según muchas historias y leyendas, los centauros eran seres muy cambiantes y recurrían a menudo a la interpretación de los astros y la adivinación para guiar sus caminos.

81 Maestros cazadores

En su territorio los centauros eran los seres dominantes gracias a su fortaleza animal y a su inteligencia humana. Eran grandes cazadores que manejaban magistralmente el arco y la lanza.

¿SABÍAS QUE...?

El centauro ha inspirado otras criaturas mitológicas, como el bucentauro, con torso humano y cuerpo de toro o de búfalo.

82 El origen de los centauros

El rey Ixión y la nube Néfele tuvieron un hijo llamado Kentauros, que se unió a las yeguas magnesias del valle de Pelión, en Tesalia. Así surgieron los centauros.

83 Las valientes centáurides

Las centáurides tenían la misión de procrear y de cuidar a los centauros pequeños, pero también cazaban y participaban en las batallas.

La Esfinge y su enigma

84 Un demonio indeseable

Su nombre significa «la estranguladora» y tiene origen en la mitología griega. La Esfinge era un ser demoniaco y destructor que presagiaba mala fortuna.

85 Enseñada por las musas

La Esfinge aprendió el arte de formular enigmas de las musas y era muy aficionada a ellos. De hecho, solía plantear alguno a sus víctimas antes de ajusticiarlas. Normalmente lo hacía cantando. ¡Debía de ser pavoroso!

86 El azote de Tebas

Procedente de Etiopía, la Esfinge terminó instalándose en uno de los montes de Tebas y desde ahí se dedicó a asolar los campos, matando a todo aquel que no fuese capaz de resolver su enigma.

87 El enigma resuelto

Al llegar a Tebas, Edipo se topó con la Esfinge bloqueándole el paso. Ella le planteó el siguiente enigma: «¿Cuál es el animal que por la mañana camina sobre cuatro patas, al mediodía sobre dos y al anochecer sobre tres?». La respuesta de Edipo fue: «El hombre, pues cuando es bebé gatea, de adulto camina y de mayor se apoya sobre un bastón».

88 Muerta de vergüenza

Cuando Edipo dio la respuesta correcta a su acertijo, la Esfinge se sintió derrotada, vulnerable; ya no era invencible… Poco después se lanzó desde un risco y desapareció para siempre.

89 Un ser pavoroso

La Esfinge tenía la boca llena de veneno, los ojos rojos como brasas incandescentes y sus alas siempre estaban manchadas de sangre. ¡Para echarse a temblar!

90 También ocupaba un lugar importante en la mitología del Antiguo Egipto.

En ambos casos, el griego y el egipcio, la Esfinge tenía cuerpo de león, torso humano y, en ocasiones, alas. Pero en Egipto el torso era de hombre y en Grecia de mujer, además de tener también una cola de serpiente.

91 Hasta en Mesopotamia

Allí las Esfinges se representaban como toros con alas y larga barba; eran espíritus protectores de la ciudad y los palacios.

¿SABÍAS QUE…?

La Esfinge tenía la cruel costumbre felina de juguetear con sus víctimas antes de devorarlas. Tal y como hace un gato con un ratón antes de comérselo.

El mago Merlín

92 El mago más famoso de Europa

Merlín fue el más increíble mago y adivinador de la cultura celta. Vivió en Gales a comienzos de la Edad Media. Fue el consejero fundamental de varios reyes y una pieza clave en la famosa corte del rey Arturo.

93 Poderes prodigiosos

Comprendía la esencia de todas las cosas y por eso podía descifrar el presente con una profundidad tal que le permitía predecir el futuro. Además, estaba íntimamente ligado a la naturaleza y podía hablar con los animales y comunicarse con las plantas.

94 Un mal comienzo

Se piensa que el mago Merlín pudo ser obra de una maligna fuerza mágica de la Antigüedad o incluso hijo de un demonio. Lo que es seguro es que el mago estaba destinado a hacer florecer en los hombres su lado más malvado… Afortunadamente, terminó convirtiéndose en el referente espiritual de varios reyes y sacó lo mejor de ellos.

95 El mago sobre el que giró un reino

Cuando Arturo Pendragon tenía 16 o 17 años, Merlín le llevó a un lugar donde había una espada clavada en una roca; se decía que quien pudiera arrancarla de dicho lugar sería rey de Inglaterra por pleno derecho. Arturo lo consiguió y Merlín le acompañó y le aconsejó en su reinado.

96 ¿Druida o mago?

Algunas hipótesis apuntan a que Merlín fue en realidad un druida, que para los celtas era algo así como un mago, médico, líder espiritual y juez. El resto de las habilidades que tenía Merlín, como hacerse invisible o convertirse en diversos animales, encajan dentro de esta posibilidad.

97 ¡Encerrado para siempre en un árbol!

Cuando Merlín ya era muy anciano se enamoró de una joven llamada Nimue, la Dama del Lago, y le enseñó poderosos conjuros. Pasado un tiempo, la mujer terminó empleando esa magia para encerrar a Merlín dentro de un árbol. De hecho, se cuenta que Merlín aún está esperando en un robledal de Gales a ser liberado.

El gran Houdini

98 El mago que reinventó la magia.

Su verdadero nombre era Erik Weisz y se trata del mago ilusionista más influyente de la historia. Sus trucos de escapismo han sido los más imitados y, aunque los ideó a finales del siglo XIX, aún siguen siendo espectaculares.

99 Un artista hecho a sí mismo

A los 15 años, en sus inicios como mago, ya había sido aprendiz de cerrajero, contorsionista en un circo y mensajero. Al principio comenzó con trucos de cartas, hasta que desarrolló sus espectáculos originales.

100 Su sello personal

Su número más famoso y recordado se llamaba «La metamorfosis»: le ataban y metían en un saco para introducirlo después dentro de un baúl. Su ayudante aseguraba el baúl con cadenas y candados, se subía encima y dejaba caer una cortina. A continuación se levantaba la cortina y ¡zas!, Houdini aparecía en el lugar de su ayudante y este salía de dentro del baúl.

101 El escapista sin miedo

Su número más emocionante se llamaba «Cámara de tortura china». En él le sujetaban los pies con unos cepos y luego le introducían cabeza abajo en una urna de cristal llena de agua… ¡de la que se escapaba ante la atónita mirada del público!

Índice

A
Andersen   22, 23
Aquiles   37
Ariadna   19
Armagedón   35
Arturo, rey   44
Atlas   25, 26

B
Babilonia   10, 11
Behemoth   35

C
Centáuride   36, 39
Centauro   36-39
Cipactli   15
Cnosos   17
Colón   12
Creta   16-18
Cuerno   6, 8, 9

D
Daniel   11
Dédalo   16-18
Dinosaurio   10
Dragón   10, 24, 27
Druida   45

E
Edipo   41, 42
Elfos   7
Enanos   30
Enigma   40, 41
Escamas   10, 11, 32
Esfinge   40-43
Euristeo   25, 26

F
Fenrir   28-31

G
Gigante   28
Gleipnir   30

H
Hades   20
Hera   24, 27
Hércules   25-27, 37
Hernán Cortés   12, 14
Héroe   19, 21, 25, 37
Hespérides   24, 25, 27
Houdini   46

I
Ícaro   17, 18
Inmortalidad   6, 23, 24

J
Jasón   21

L
Laberinto   16-19
Ladón   24-27
Leviatán   32-35
Loki   28-29

M
Magia   6, 45, 46
Mago   44-46
Marduk   10, 11
Merlín   44, 45
Minos   16, 17, 19
Minotauro   16-19
Mito   12, 35
Mitología griega   20, 24, 36, 40
Mitología nórdica   28, 29

O
Odín   29-31
Orfeo   21

P
Pizarro   12
Poseidón   16
Profecía   29, 30

Q
Quetzalcóatl   12-15
Quirón   36, 37

R
Ragnarök   29, 31

S
Sacrificio   13, 18, 19
Serpiente   12, 15, 24, 28, 32, 34, 43
Sirenas   20-23
Sirrush   10, 11

T
Tebas   40, 41
Teseo   16, 19, 37
Tezcatlipoca   14, 15
Tifón   24
Titán   25, 26
Tributo   18
Tyr   30, 31

U
Ulises   22
Unicornio   6-9

V
Veneno   8, 42
Vikingo   12

Z
Zeus   24, 26, 27
Ziz   35